Walter Nitsche
Heilende Vergebung

Walter Nitsche

Heilende Vergebung

Schwengeler-Verlag
CH-9442 Berneck

CIP-Kurztitelaufnahme der Deutschen Bibliothek

Nitsche, Walter:
Heilende Vergebung / Walter Nitsche. –
Berneck: Schwengeler, 1991

Ratgeber Nr. 406:
ISBN 3-85666-406-8

NE: GT

ISBN-Nr. 3-85666-406-8

Ratgeber Nr. 406

Umschlaggestaltung und Gesamtherstellung:
Cicero-Studio am Rosenberg, CH-9442 Berneck

Inhaltsverzeichnis

Verschiedene Symptome – eine Ursache 11
Vergebung persönlich erfahren 12
Das perfekte Vorbild 15
Die Notwendigkeit biblischer Vergebung 16
Auf Widerwärtigkeiten biblisch reagieren 19
Vergebung – ein Willensakt 23
Die Art und Weise des Vergebens 31
Gottes Vergebung – eine unverdiente Vergebung .. 33
Gottes Vergebung – eine Vergebung von vornherein 37
Gottes Vergebung schliesst Erziehung nicht aus ... 41
Vergebung in der Ehe 47
Was gilt es beim Vergeben zu beachten? 49
Vergebung und Kindererziehung 53
Vergebung und Versöhnung 55
«Ich kann mir selbst nicht vergeben...» 59
Nachwort 61

Meiner Frau Iris,
die mir zur Gesinnung
biblischer Vergebung verhalf

Seid aber gegeneinander
freundlich, barmherzig,
vergebet einander,
gleichwie auch Gott in Christus
euch vergeben hat.

Eph. 4,32

Siegfried R., leitender Mitarbeiter einer christlichen Gemeinde: «Die Atmosphäre, die in unserer Gemeinde herrscht, bedrückt mich sehr. Manche gehen sich aus dem Weg, weil sie es nicht fertigbrachten, bestimmte Vorkommnisse miteinander richtig zu klären; andere kapseln sich immer mehr ab, weil sie den Eindruck haben, ihre Worte würden immer auf die Goldwaage gelegt...»

Patricia L., kaufmännische Angestellte: «Seit ich unter dem neuen Abteilungsleiter arbeiten muss, leide ich an Depressionen. Er versucht ständig, mich lächerlich zu machen oder mir Steine in den Weg zu legen. Obwohl ich Christin bin, gelingt es mir nicht, meinen Groll auf ihn abzulegen...»

Hanna und Paul, seit acht Jahren verheiratet: «Wir können es uns nicht erklären: Wegen jeder Kleinigkeit entflammt bei uns Streit, der meist in gehässige Worte und deprimiertes Schweigen mündet, obwohl wir beide es eigentlich gar nicht wollen. Gespräche, die wir zur Klärung unserer Beziehung anstrebten, endeten fast ausnahmslos in einer aussichtslosen Diskussion über Vorwürfe und Anklagen, die man sich gegenseitig begreiflich machen wollte. Wie können wir nur diesen Teufelskreis durchbrechen?»

Verschiedene Symptome – eine Ursache

Vordergründig vermutet man bei den eingangs erwähnten Konflikten sehr verschiedene Ursachen. Wir könnten aber weitere Beispiele anführen und würden stets dieselbe Entdeckung machen: Es fehlt an der Praxis echter Vergebung!

Denn, wo Menschen sich aus dem Weg gehen müssen, wo eisiges Schweigen herrscht, wegen jeder Kleinigkeit ein Streit entflammt, wo Bitterkeit die Kehle zuschnürt oder Groll und Ablehnung die Gedanken blockieren – da braucht es einen tiefgreifenden Gesundungsprozess durch biblische Vergebung.

Biblische Vergebung ist keine «Geheimwissenschaft», auch kein psychologischer Kunstgriff oder gar eine besondere «Theologie für religiöse Spezialisten». Biblische Vergebung darf auch kein Selbstzweck sein, eine «Therapieform» mit dem Ziel, «damit es mir besser geht». Von dieser Motivation her wäre biblische Vergebung schon im Ansatz gar nicht möglich. Obwohl sich die Folgen biblischer Vergebung auch heilend auf den Betreffenden auswirken, ist sie letztlich eine Reaktion auf die Vergebung Gottes, die man im eigenen Leben erfahren hat.

Vergebung persönlich erfahren

Ich kann keine biblische Vergebung weitergeben, wenn ich sie nicht zuerst selbst erfahren habe.

Damit dies möglich ist, muss ein Mensch zuerst von folgenden Tatsachen überzeugt sein:

1. Dass er *schuldig* ist und Vergebung braucht! Röm. 3,11+12: «*Es ist keiner gerecht, auch nicht einer; es ist keiner verständig, keiner fragt nach Gott; alle sind abgewichen, sie taugen alle zusammen nichts; es ist keiner, der Gutes tut, auch nicht einer!*» In den Augen Gottes tut der natürliche Mensch folglich nicht wirklich Gutes, mögen seine Taten noch so religiös und fromm sein. Auch dem religiösen Menschen kann es grundsätzlich nur um den eigenen, selbsterwählten Weg und nicht um den Weg Gottes gehen, wie es Jesaja ausdrückt: «*Wir gingen alle in der Irre wie Schafe, ein jeder wandte sich auf seinen Weg...*» (Jes. 53,6). Jeder von uns hat somit «Dreck am Stecken». Jeder, der ehrlich zu sich selbst ist, weiss, dass sein Leben von Sünde gezeichnet ist. Daher brauchen wir Vergebung.

2. Die Antwort auf unsere Schuld ist nicht Selbstrechtfertigung, sondern Vergebung! Röm. 3,23+24: «*Denn es ist kein Unterschied: Alle haben gesündigt und ermangeln der Herrlichkeit Gottes, so dass sie gerechtfertigt werden ohne Verdienst, durch seine Gnade, mittels der Erlösung, die in Christus Jesus ist.*»

3. Nur Gott kann Schuld vergeben! Mark. 2,7: «*Wer kann Sünden vergeben als nur Gott allein?!*» Wenn wir an anderen Menschen schuldig werden, dann werden wir stets auch am Eigentümer dieser Geschöpfe schul-

dig - an Gott. Wenn wir unsere Lebensziele selbst bestimmen und eigene Wege gehen, werden wir direkt an unserem Schöpfer und rechtlichen Eigentümer schuldig - an Gott. Mögen uns Menschen auch unsere Vergehen vergeben - im tiefsten bedürfen wir der Vergebung des lebendigen Gottes.

4. Nur in Jesus Christus sind Erlösung von der Sünde und Vergebung der Schuld möglich! Solange ein Mensch meint, es gäbe auch noch eine andere Möglichkeit, Vergebung zu erlangen, kann er echte, biblische Vergebung nicht erfahren; denn diese ist nur aufgrund der Tatsache möglich, dass Gott in Jesus Christus Mensch wurde und die Strafe, die wir verdient hätten, am Kreuz von Golgatha auf sich genommen hat, für unsere Schuld gestorben ist (2. Kor. 5,21). Aufgrund dieser Tat kann uns Gott auch Vergebung zusprechen, wenn wir dieses Geschenk im Vertrauen für uns persönlich in Anspruch nehmen. Röm. 5,1: «*Da wir nun durch den Glauben gerechtfertigt sind, so haben wir Frieden mit Gott durch unseren Herrn Jesus Christus.*» Jes. 53,4+6b: «*Doch wahrlich, unsere Krankheit trug er, und unsere Schmerzen lud er auf sich ... ein jeder wandte sich auf seinen Weg; aber der HERR warf unser aller Schuld auf ihn!*» Es gilt nun, bewusst und willentlich das Vertrauen auf diese Tatsache zu setzen. Dazu möchte ich eine Passage aus meinem Büchlein «Fehlende Heilssicherheit?» zitieren:

«Warum soll ich dich in den Himmel lassen?»

Angenommen, du hättest einen Autounfall und würdest vor Gott stehen, der dich fragte: «Warum soll ich dich in den Himmel lassen?» Was würdest du antworten? Deine Antwort würde wohl dem entsprechen, worauf du dein heimliches Vertrauen setzt: Würdest du sagen: «Weil ich mich bemüht habe, ein guter Christ zu sein...»? (Dann würde dir Gott wohl sehr eindrücklich dein Versagen vor Augen malen.) Oder: «Weil ich an die gutmütige Liebe des himmlischen Vaters glaube»? (Dann würde dir Gott seine Gerechtigkeit und Heiligkeit verständlich machen, die sich mit keiner einzigen Sünde verträgt.) Wie auch immer: Wer begriffen hat, dass er Verlorenheit verdient hätte und allein durch das Werk Jesu begnadigt wurde, der würde antworten: «Ich habe Dir nichts zu bringen, worauf Du mich in den Himmel lassen solltest - schau allein das Werk Deines Sohnes Jesus Christus an, hinter dem ich mich verberge, auf das ich vertraue - dieses Werk muss genügen, um mir das Himmelstor zu öffnen.» Solch ein Mensch würde also auf nichts anderes mehr vertrauen als auf das, was Jesus Christus für ihn vollbracht hat.

Wer Gottes Vergebung im Glauben für sich in Anspruch genommen, wer diese Tatsache im Vertrauen auf Gottes Zusagen festgehalten und daher Vergebung seiner gesamten Schuld erfahren hat, der wird aus Dankbarkeit diese Vergebung auch an andere austeilen wollen. Daher ist die persönliche Inanspruchnahme biblischer Vergebung gleichzeitig ein vorzüglicher Auftrag an uns, diese Vergebung selbst als Lebensform anzunehmen, um dadurch das Wesen Gottes in unserem Leben widerzuspiegeln.

Das perfekte Vorbild

Wenn wir uns auch mit den heilenden Früchten biblischer Vergebung sättigen und dieses göttliche Prinzip mit seinen befreienden und ermutigenden Folgen in unserem Leben erfahren wollen, gilt es, sich gründlich mit der Frage zu beschäftigen, was biblische Vergebung alles beinhaltet.

Die Bibel gibt uns dazu einen konkreten Leitfaden: «*Seid aber gegeneinander freundlich, barmherzig, vergebet einander, gleichwie auch Gott in Christus euch vergeben hat*» (Eph. 4,32). Wenn wir erfasst haben, wie Gott uns in Christus vergeben hat, dann können wir dadurch auch lernen, wie biblische Vergebung in unserem Leben praktiziert werden kann. Die Vergebung Gottes in Christus Jesus ist somit für den Christen das perfekte Vorbild einer wirksamen, biblischen Vergebung.

Wie können wir uns aber Gottes Gesinnung der Vergebung aneignen? Im folgenden geht es um diese göttlichen Prinzipien, die wir in Gottes Wort finden.

«*Ertraget einander und vergebet einander, wenn einer wider den andern zu klagen hat; gleichwie Christus euch vergeben hat, also auch ihr*» (Kol. 3,13).

Die Notwendigkeit biblischer Vergebung

«Vor etlichen Jahren wollten ein guter Freund und ich auf Weltreise gehen. Wir planten unsere Reise, kauften einen Gebrauchtwagen, beluden ihn mit dem nötigen Gepäck und brachen eines langersehnten schönen Morgens endlich auf. Der Wagen lief gut, die Strassen waren in Ordnung, die Autokarte stimmte, und auch unsere Fahrkünste waren nicht zu bemängeln. Aber nach zweitausend Kilometern stand das Auto mit einem unsanften Ruck plötzlich still. Alles Drehen am Zündschlüssel half nichts: Der Motor tat keinen Wank. Wie peinlich! Hier standen wir nun, am Rand eines kleinen spanischen Nests und kamen nicht weiter. Zu allem Überdruss war es Samstag am späten Nachmittag, so dass es zwei Tage dauerte, bis das Auto in eine Werkstatt abgeschleppt und auseinandergeschraubt werden konnte. Nach drei Tagen endlich konnten wir unsere Fahrt fortsetzen.

Was hatte denn gefehlt? Nur eine Kleinigkeit: Wir hatten vergessen, Öl nachzufüllen. Und die Folge davon war, dass die Kolben sich im Zylinder festfrassen. Was aber nützt das beste Auto, der fähigste Fahrer, die genaueste Strassenkarte, wenn das Öl im Getriebe fehlt?

Wir können als Kinder Gottes mit allem versorgt sein. Wir mögen die Bibel als Karte und den in uns wohnenden Heiligen Geist als Kraftquelle zum Leben nach Gottes Plan besitzen und zu alledem in einer biblisch strukturierten Gemeinde mit guter Lehre versorgt sein, und doch werden wir scheitern und zu einem knirschenden Stillstand kommen, wenn etwas ganz Entscheidendes fehlt. Was ist das? *Biblische Vergebung*. Vergebung ist das Öl, das den Motor in Gang hält, das dafür sorgt, dass unter den Gemeinde- oder auch Familiengliedern ein harmonisches, gegenseitiges Geben und Nehmen, ein glückliches Ineinandergreifen der Neigungen und Temperamente, der Gaben und Dienste gewährleistet ist. Ohne Vergebung läuft gar nichts...»

«Und wenn ihr steht und betet, so vergebet, wenn ihr etwas wider jemand habt...» (Mark. 11,25).

Gottes Wort fordert uns an vielen Stellen auf, zu vergeben. Wer die Vergebung Gottes erfahren hat, ist verpflichtet, seinen Mitmenschen in gleicher Weise Vergebung auszuteilen. Tut er das nicht, werden Groll und Bitterkeit die Herrschaft in seinem Leben übernehmen und ihn mit der Zeit zugrunderichten.

«Und sehet darauf», heisst es im Hebräerbrief, *«dass nicht etwa eine bittere Wurzel aufwachse und Störungen verursache und viele dadurch befleckt werden»* (12,15).

Zwischenmenschliche Beziehungen werden durch Unversöhnlichkeit immer belastet und gestört. Mangelnde Vergebungsbereitschaft ist konkreter Ungehorsam gegenüber dem Gebot Gottes. Ein Mensch, der nicht vergibt, schwingt sich zum Richter über andere auf und will ein Recht ausüben, das ihm gar nicht zusteht, nämlich Rache oder Vergeltung zu üben.

Beim Begriff «Rache üben» brauchen wir gar nicht erst an Blutrache oder kriegerische Handlungen zu denken. Es gibt weit subtilere Formen von Rache oder Vergeltung:

Monika wurde von Sabine gekränkt, die beleidigte Monika erzählte die Sache – in ihrer Version – Hildegund weiter, stellte Sabine dabei in ein sehr schlechtes

Licht und übte dadurch bereits Vergeltung an Sabine. Deshalb verurteilt die Heilige Schrift jegliche üble Nachrede – weil es sich im Grunde um Rache- oder Vergeltungsmassnahmen handelt.

Eine Frau erzählte jedem «fromm und ehrlich», was sie ihrem Mann alles grosszügig vergeben habe. Dabei sprach sie immer von der Sünde ihres Mannes mit dem Alibi: «Und *das* habe ich ihm vergeben!» Diese Frau hatte aber nicht echte, biblische Vergebung geübt. Indem sie jedem davon erzählte, verschaffte sie sich insgeheim Genugtuung für die Verletzungen, die sie durch die Sünde ihres Mannes erlitten hatte.

Auf Widerwärtigkeiten biblisch reagieren

Jeder Mensch wird in seinem Leben mit Widerwärtigkeiten konfrontiert, wird Opfer von Kränkungen und Verletzungen, leidet unter Missverständnissen, Ablehnung und schuldhaftem Verhalten seiner Mitmenschen. Um die ganze Problematik zu verdeutlichen, wollen wir alles unter dem Begriff «Widerwärtigkeiten» zusammenfassen. Jede Widerwärtigkeit übt einen Einfluss auf uns aus. Schematisch liesse sich der Sachverhalt folgendermassen darstellen:

W = Widerwärtigkeit
M = Mensch

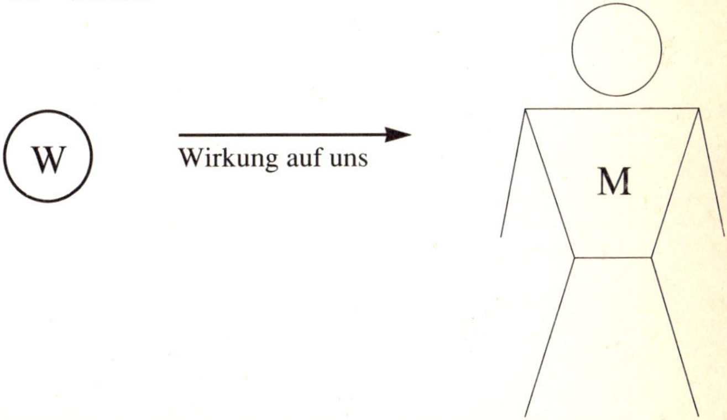

Beispiel: Sie haben erfahren, dass Ihr Schwiegervater Übles und Unwahres über Sie erzählt hat. Die Wirkung dieser Widerwärtigkeit löst Ärger in Ihnen aus.

Das Entscheidende ist nun: Wie reagieren Sie darauf? Sie können auf die Wirkung dieser Widerwärtigkeit sündhaft reagieren, indem Sie Ihren Ärger mit Vergeltungsgedanken füttern, sich Ihrem Groll hingeben und auf Genugtuung aus sind. Dieses Festhalten an einem «Recht auf Rache» aber - das uns gar nicht zusteht - nennt Gott schlicht und einfach *Sünde*.

Schematisch dargestellt sieht das so aus:

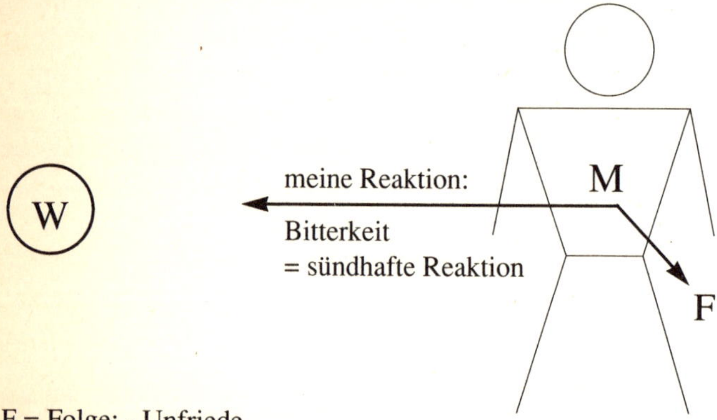

F = Folge: - Unfriede,
- verschiedene Symptome
z.B. auch manche Arten von Depressionen

Wenn ich falsch bzw. unbiblisch reagiere, sündige ich und werde selbst schuldig. Diese Sündenlast, die ich mir durch Groll und Bitterkeit aufgeladen habe, wird mich in der Folge noch mehr zu Boden drücken. Sünde hat immer negative Folgen im Leben eines Menschen, ganz gleich, wie sich diese dann praktisch auswirken. Manche Arten von Depressionen können die Folgen sein.

Hierzu die Schilderung einer gläubigen Frau, die an einem wunderschönen Herbsttag, als die Früchte an den Bäumen reif waren und die Ernte hätte eingebracht werden sollen, von ihren Söhnen vernachlässigt und alleingelassen wurde. Als sie sich die schönen Birnen und Zwetschgen ansah, die wohl bald verfaulen würden, weil niemand sie erntete, bekam sie einen mächtigen Groll auf ihre Söhne. Sie bedauerte sich selbst («Womit habe ich das verdient?») und wurde bald derart depressiv, dass sie hospitalisiert werden musste. Durch ein seelsorgerliches Gespräch wurde ihr dann Psalm 23 in Erinnerung gerufen: *«Der Herr ist mein Hirte, mir wird nichts mangeln...»* Sie nahm das für sich persönlich in Anspruch und sprach Gott ihr Vertrauen aus, dass er sie führen und versorgen werde und vergab ihren treulosen Söhnen. Die Frau war innert weniger Tage von ihren schweren Depressionen frei, denn sie hatte ihre sündhafte Reaktion (Bitterkeit, Groll) durch eine *biblische Reaktion* (Vergebung und Vertrauen) ersetzt – das hatte in diesem Fall konkrete Folgen. Auch die Früchte an den Bäumen verfaulten nicht, denn die Frau schenkte sie zwei armen Familien des Dorfes. Diese kamen und ernteten mit grosser Freude und Dankbarkeit. Ein Kontakt war entstanden, der bis heute ermutigend und segensreich für alle Beteiligten ist.

Bei falschen Reaktionen durch Groll, Bitterkeit oder Hass heisst die Lösung somit: richtig, biblisch reagieren – durch Vergebung.

Dabei ist auch hier zu beachten, dass diese Vergebung von mir aus nicht Endzweck oder Selbstzweck sein darf, sonden als «Mittel zum Zweck» verstanden werden muss: Indem ich vergebe, baue ich eine Brücke zum andern. Überschreitet der andere diese Brücke, dann ist echte Versöhnung möglich, was ja das Endziel von Vergebung ist. Allerdings: Auch wenn der andere die Brücke nicht überschreitet (und somit auch keine Versöhnung zustande kommt), bin ich doch zum Bau dieser Brücke verpflichtet.

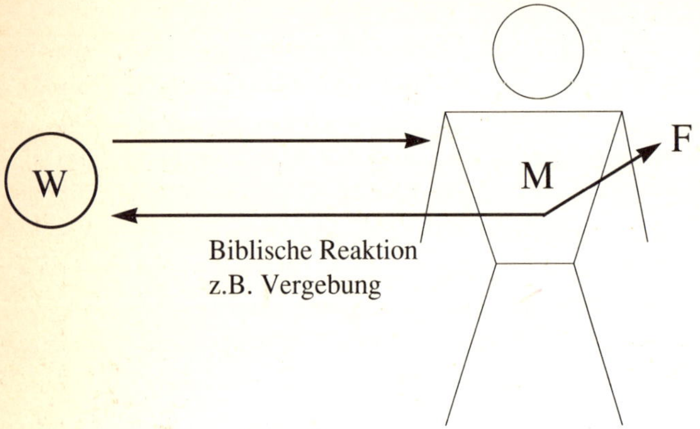

F = Folge: Friede

Vergebung – ein Willensakt

«Selig ist der Mann, welchem der Herr die Sünde nicht zurechnet» (Röm. 4,8).

«Und du wirst alle ihre Sünden in die Tiefe des Meeres werfen» (Mi. 7,19).

Wer an Menschen schuldig wird, wird gleichzeitig am «Eigentümer» dieser Menschen schuldig: an Gott, dem Schöpfer selbst. Wer die Gesetze Gottes übertritt oder den Befehlen Gottes nicht Folge leistet, steht – als Gesetzesbrecher – unter dem Urteil Gottes und hat Bestrafung verdient. Die Bibel beschreibt beispielsweise, wie der Mensch den heiligen Zorn Gottes provozieren kann: indem er Götzendienst betreibt, in Ungehorsam und Rebellion verharrt oder aus Egoismus andere verletzt. Wenn wir dann davon lesen, dass sich Gott entschlossen hat, zu vergeben, erkennen wir, dass es sich dabei nicht um ein rührseliges Gefühl Gottes dem Menschen gegenüber handelt, sondern um einen Akt seines freien Willens.

Wenn wir jemandem in der Gesinnung Gottes vergeben wollen, sollen wir nicht auf ein mitleidiges Empfinden warten, sondern uns willentlich dazu entscheiden, Vergebung auszusprechen.

Vergeben heisst nicht vergessen

Wie wir aufgrund der obenerwähnten Bibelverse erkennen können, spricht Gott davon, dass er im Rahmen seiner Vergebung die Sünden «nicht zurechnet», sie «in die Tiefe des Meeres» wirft.

Nirgendwo lesen wir von einer Gedächtnislücke Gottes, dass er etwa Sünden vergessen würde, denn das würde ja seiner Allwissenheit widersprechen. Aber er rechnet die Sünden nicht mehr zu! Praktisch heisst das: Er verzichtet willentlich auf Vergeltung, auf Rache oder Genugtuung. Die Sünden sind für ihn kein Thema mehr, sie sind - obwohl nicht vergessen - für ihn tabu und werden nicht mehr hervorgeholt.

In Hebr. 8,12 heisst es: *«Denn ich werde gnädig sein gegen ihre Ungerechtigkeiten und ihrer Sünden nicht mehr gedenken.»*

Manche Menschen, die einem andern im Grunde vergeben möchten, werden entmutigt, wenn sie merken, dass trotz Vergebungsbereitschaft die Erinnerung an die Kränkung oder Verletzung noch immer wach sein kann. Sie verfallen dem Irrtum zu meinen, sie hätten nur dann richtig vergeben, wenn sie den ganzen Vorfall auch *vergessen* hätten. Solche Vergebung ist aber nicht biblische Vergebung nach dem Vorbild Gottes, «gleichwie er euch in Christus vergeben hat». Vergeben heisst auch für uns: Ich entscheide mich bewusst dazu, auf jegliche Genugtuung, auf Rache oder Vergeltung zu verzichten und die Sache für mich als unantastbar und erledigt zu betrachten.

Kommt dann trotzdem eine Erinnerung hoch, und stellen sich wieder Gefühle des Grolles und der Bitterkeit ein, kann und soll man an der Tatsache festhalten: Ich habe bereits vergeben; ich habe bewusst auf Vergeltung und Genugtuung verzichtet - die Sache ist erledigt, obwohl ich mich noch daran erinnern kann. Ja, ich kann mich noch genau daran erinnern, wo und wann ich diese Sache vergeben habe!

Richard P. Walters schreibt zu diesem Punkt: «Es ist unmöglich, etwas zu vergessen, was wir mit aller Gewalt vergessen wollen... Wenn Gott, nachdem er sie uns vergeben hat, diese Sünden vergessen würde und wir uns noch an sie erinnern könnten, würde das uns in gewissem Sinn weiser als Gott machen, was doch nie der Fall sein kann... Gott tut etwas Besseres als zu vergessen: Er vergibt... Vergebene Schuld hat keine Bedeutung mehr. Dies ist Gottes Art der Vergebung, und er möchte, dass es auch unser Vergebungsstil wird... Ob wir jemandem vergeben haben oder nicht, zeigt sich nicht daran, dass wir uns an das Unrecht erinnern oder nicht, oder dass mit der Erinnerung ein gewisser Schmerz verbunden ist oder nicht. Diese Nachwirkungen sind völlig normal... Wir vergessen gewisse Dinge nie. Aber das Wunder kann geschehen, dass es für uns nicht mehr wichtig ist, ob wir uns daran erinnern oder nicht. Wir werden nicht mehr von dieser Verletzung beherrscht. Wir werden auch nicht mehr von dem Wunsch beherrscht, uns dafür zu rächen.»

Lediglich zu vergessen, würde ausserdem davon ausgehen, als wäre tatsächlich nichts Negatives geschehen. Der Bezugspunkt wäre Makellosigkeit, Perfektion und absolute Reinheit. Vergeben jedoch geht von der Realität der Sünde aus, von der Wirklichkeit des Versagens und des aneinander Schuldigwerdens. Vergeben baut daher nicht auf einer Scheinwirklichkeit auf, sondern auf der Wirklichkeit. Vergeben ist viel besser und fördernder für eine Beziehung als blosses Vergessen.

Erinnerungen an erlittene Verletzungen und Kränkungen, die unter der Vergebung stehen, helfen uns, ein besseres Empfindungsvermögen zu entwickeln. In Matthäus 7,12 sagt Jesus, dass alles, was wir erwarten, dass uns Menschen tun sollten, wir ihnen auch tun sollen. Man kann hier sicher auch umgekehrt sagen: Alles, was ihr wollt, dass die andern euch *nicht* tun sollen, das tut auch ihnen nicht.

Vergebung ist nicht gefühlsabhängig

«Wenn aber wieder Bitterkeit in mir hochsteigt, ist es dann nicht ein Hinweis dafür, dass ich doch noch nicht richtig vergeben habe?» Diese Frage wird im Bezug auf biblische Vergebung häufig gestellt.

In unserer Gesellschaft wird behauptet, die Gefühle würden stets Auskunft über die Wirklichkeit geben. Das ist eine der grössten Lügen. Wenn ein Angestellter seine Firma bestiehlt, kann er dabei möglicherweise ein «sehr gutes Gefühl» haben - aber er ist trotzdem schuldig geworden. Ein anderer kann sich in seinen übertriebenen Angebereien «sehr wohl fühlen» - in Wirklichkeit aber steht er unter dem Urteil der Lüge und Heuchelei.

«Dein Wort ist Wahrheit», heisst es in Joh. 17,18. Nicht Gefühle offenbaren uns die Wirklichkeit (sie können allenfalls die Wirklichkeit bestätigen), sondern *das Wort Gottes*.

Erinnern wir uns an dieser Stelle an die Vergebung, die ein Mensch von Gott empfangen kann. Jeder Christ kennt folgende Situation: Man hat gesündigt, und nun fühlt man sich schuldig (richtigerweise - hier bestätigt das Schuldgefühl die Wirklichkeit). Ein Christ weiss aber, dass er sich an Gottes Wort halten und nach 1. Johannes 1,9 handeln darf: «Wenn wir unsere Sünden bekennen, so ist er treu und gerecht und vergibt und reinigt uns von aller Ungerechtigkeit.» Als Christ werde ich also Gott meine Sünde bekennen, indem ich ihm in seinem Urteil darüber recht gebe. Ich darf aber dafür danken, dass Jesus Christus auch die Strafe dafür bereits bezahlt und für meine Schuld gesühnt hat. So kann ich die Verheissung Gottes bewusst für mich persönlich in Anspruch nehmen und dafür danken, dass ich wissen darf: Gott lügt nicht, und weil Jesus Christus für meine Schuld gestorben ist und ich sie vor ihm bekannt habe, darf und soll ich meine Schuld aufgrund des Versprechens Gottes als vergeben betrachten.

Einen halben Tag später mag es aber sein, dass man das alte Schuldgefühl immer noch wahrnimmt. Doch gerade hier kann ich bewusst festhalten: Gefühle geben nicht immer Auskunft über die Wirklichkeit! Ob das Schuldgefühl vorhanden ist oder nicht: Weil Gott versprochen hat, mir zu vergeben und mich zu reinigen, ist das Wirklichkeit, auch wenn mir meine Gefühle im Moment eine andere Wirklichkeit vorgaukeln wollen.

Jener Christ, der sich von dem noch vorhandenen Schuldgefühl gefangennehmen und belügen lässt, wird vermutlich vor Gott ein weiteres Bekenntnis ablegen; er wird vielleicht versuchen, sogar ein paar Reuetränen herauszupressen, um die Vergebung Gottes «wirklich» in Anspruch nehmen zu können. Die Folge davon: Die Schuldgefühle (die in diesem Fall *nicht* die Wirklichkeit der bereits erfolgten Vergebung Gottes bestätigen) werden dadurch gefüttert, so dass sie weiter gedeihen können.

Halte ich jedoch an der Verheissung Gottes fest (1. Johannes 1,9), so werden sich meine Gefühle mit der Zeit dieser Wirklichkeit fügen müssen: Die falschen Schuldgefühle werden langsam aber sicher verschwinden, weil sie nicht länger geglaubt noch gefüttert werden.

Ähnlich verhält es sich, wenn wir einem anderen Menschen Vergebung ausgesprochen haben, aber Gefühle des Grolles und der Bitterkeit wieder in uns hochsteigen.

Wenn ich bewusst und willentlich auf Genugtuung und Vergeltung verzichtet und die Sache ad acta gelegt habe, dann darf ich wissen: Ich habe vergeben! Kommt Groll in mir hoch, werde ich mich um so fester an der Wirklichkeit («Ich habe vergeben!») festhalten und mir bewusst sein, dass meine Empfindungen in diesem Fall keine Auskunft über die Wirklichkeit geben. So werden sich meine Gefühle mit der Zeit meiner Entscheidung der Vergebung anpassen müssen.

Lasse ich mich hingegen von meinen Gefühlen des Grolles (nach geschehener Vergebung) weiter belügen und mir vormachen, ich hätte noch nicht vergeben, werden sie bleiben. Ich muss dann immer wieder - natürlich erfolglos - versuchen, zu vergeben in der Hoffnung, meine Gefühle würden diese Vergebung einmal bestätigen. Gefühle können das aber nicht tun. Gott hat die Gefühle dazu geschaffen, im Leben des Menschen Diener zu sein, nicht Herrscher. Deshalb haben sie sich meinem Willen und meinen Entscheidungen unterzuordnen. Sie müssen sich der Wirklichkeit des Wortes Gottes, der Wahrheit der Bibel, beugen.

Die Art und Weise des Vergebens

Wenn uns jemand offen und aufrichtig um Verzeihung bittet, dann sollen wir es ihm gegenüber auch deutlich aussprechen, dass wir ihm vergeben haben.

Ist dies nicht der Fall - sei es wegen mangelnder Einsicht oder ähnlicher Gründe - dann sollen wir demjenigen, der gegen uns gefehlt hat, im stillen Vergebung aussprechen. Ein offenes Vergeben könnte ihn eher dahingehend provozieren: «Du hast mir nichts zu vergeben, denn ich bin im Recht...»

Es kann absolut notwendig sein, dass ein Christ diesbezüglich beständig zu Gott betet und ihn um Weisheit bittet (Jak. 1,5), um erkennen zu können, was in seinem Herzen an Unversöhnlichkeit vorhanden ist.

In einem solchen Fall - bei einem «Generalreinemachen» - kann man sich eine Liste anlegen und die Dinge und Situationen notieren, die in einem noch Bitterkeit und Groll entflammen lassen.

Da kann z.B. stehen:
- ungerechte Strafe meiner Mutter
- Vernachlässigung durch meinen Vater
- verletzender Zynismus bei meinem früheren Lehrer

usw.

Anschliessend wird über jeden Punkt bewusst und willentlich Vergebung ausgesprochen. Wollen die Erinnerungen später wieder deutlich ins Bewusstsein treten und einem abermals Mühe bereiten, kann und soll man sich fest und unerschütterlich auf die Tatsache berufen, dass man alle diese Punkte bereits bewusst durch Vergebung bereinigt hat und sich deshalb weigert, dazu noch in irgendeiner Weise Genugtuung oder Wiedergutmachung zu erwarten.

Gottes Vergebung – eine unverdiente Vergebung

«... so dass sie gerechtfertigt werden ohne Verdienst, durch seine Gnade, mittels der Erlösung, die in Christus Jesus ist» (Röm. 3,24).

«Denn durch die Gnade seid ihr gerettet, vermittels des Glaubens, und das nicht aus euch, Gottes Gabe ist es; nicht aus Werken, damit niemand sich rühme» (Eph. 2,8+9).

Keiner von uns hat Vergebung *verdient*. Gerechterweise müsste jeder, der schuldig geworden ist, auch selbst für seine Schuld bezahlen. Wenn Gott im Alten Bund anordnete, dass ein Ehebrecher gesteinigt werden müsse, so verdient es ein Ehebrecher auch gerechterweise, dass er gesteinigt wird. Und wenn Gott dem Menschen vorhält, dass jeder, der auch nur *eine* Sünde tut, derart schuldig und schmutzig geworden ist (vgl. Jak. 2,10), dass der heilige Gott keine Gemeinschaft mehr mit diesem Sünder haben kann, dann ist diese Strafe, nämlich «Gottesferne» (sprich: Hölle) ebenso gerechterweise verdient.

Aber Gott gibt einen neuen Bund: Er wird Mensch in Jesus Christus, geht hinauf auf den Hügel Golgatha und nimmt die Strafe, die Sie und ich persönlich und gerechterweise verdient hätten, auf sich; erlebt dort an unserer Statt «Gottesferne» (vgl. Matth. 27,46: *«Mein Gott, mein Gott, warum hast du mich verlassen...!»*) – und gibt sein Leben freiwillig hin für unsere Schuld.

Wer von uns Menschen hätte solches Handeln verdient? Kein einziger! Deshalb spricht Gottes Wort – wie wir in den Anfangsversen dieses Kapitels lesen können

– auch sehr deutlich davon, dass die Vergebung und Errettung Gottes einzig und allein ein *Geschenk* ist. Geschenke kann man sich nicht verdienen, sondern nur dankbar annehmen oder ablehnen. So ist auch Gottes Vergebung unverdient, sie ist reine *Gnade*, das heisst «unverdiente Liebe».

Weil uns Gott seine Vergebung in unverdienter Weise gibt, hat auch jene Vergebung, die wir unseren Mitmenschen austeilen wollen, *unverdient* zu sein.

Biblische Vergebung ist bedingungslos

«Ich würde gerne vergeben», erklärte mir einmal ein Ehemann, «wenn meine Frau auch aufrichtig um Entschuldigung bäte.» Die Bedingung, die dieser Mann mit seiner Vergebungsbereitschaft verknüpft, ist unbiblisch, denn er möchte, dass sich seine Frau die Vergebung *verdient*, und zwar durch ein aufrichtiges «um Entschuldigung bitten».

«Aber kann ich denn vergeben, auch wenn der andere gar nicht bereit ist, zu seiner Schuld zu stehen?» Ja, sicher! Wer zuerst darauf wartet, dass der andere ein Schuldbekenntnis ablegt, versöhnungsbereit ist oder sich sonst in irgendeiner Weise die Vergebung verdienen soll, der bietet eben keine «unverdiente Vergebung» an, so wie Gott es tut.

Als Christen sollen wir in der Gesinnung Gottes Vergebung anbieten. So wie ich Vergebung von Gott empfangen habe, soll und darf ich andern Vergebung weitergeben. Praktisch heisst das: Ich entscheide mich dazu, auf Verletzungen, Kränkungen oder Verleumdungen zuerst Vergebung auszusprechen, egal wie der andere reagiert oder was er erkennt und meint.

Indem ich das tue, lebe *ich* in der Haltung gottgewollter, *biblischer* Vergebung – und das ist in erster Linie für meinen Verantwortungsbereich wichtig.

Es kommt ja noch die Schwierigkeit hinzu, dass sich zwischenmenschliche Konflikte und Verletzungen in der Regel nicht immer so klar einordnen lassen: jener ist schuldlos, der andere sollte um Verzeihung bitten. Es ist mir in meiner Ehe öfter passiert, dass ich nach Konflikten oder Reibereien dachte: ‹Es wäre gut, wenn sich meine Frau nun auch entschuldigen würde...› Genau zur selben Zeit dachte meine Frau aber das gleiche! Jeder hatte die vorangegangene Situation anders beurteilt und ausgelegt. Und nun? An wem war es jetzt, sich zu entschuldigen? Wenn man in der (falschen) Meinung verharrt, der andere müsse sich Vergebung zuerst verdienen, z.B. durch Entschuldigungen oder Beteuerungen, sich zu bessern, dann ist Vergebung oft unmöglich. Der andere hat die Situation anders beurteilt und sieht sich selbst meist in einem völlig anderen Licht. Wir aber sollen stets in unverdienter Weise Vergebung aussprechen!

Und das Problem des Schuldners?

Nehmen wir an, ein Mensch sei an uns schuldig geworden, habe uns verletzt oder gekränkt. Nun sollen wir zuerst Vergebung aussprechen. Damit ist *unser* Problem gelöst, und es können sich weder Groll noch Hass in unserem Herzen festsetzen.

So hat auch Gott seine Liebe zu uns dadurch festgemacht, indem er für die Schuld der ganzen Menschheit gestorben ist – unabhängig davon, ob nun alle Menschen dies erkannt und angenommen haben.

Das Problem des andern, des Schuldners, ist durch unsere ihm zugeteilte Vergebung natürlich nicht gelöst!

Nur wenn dieser sein Fehlverhalten ebenfalls einsieht, um Entschuldigung bittet und es bereinigt, wird er in den Genuss der Vergebung kommen, die wir ihm gegenüber ausgesprochen haben; nur so ist auch Versöhnung möglich. Unsere Entscheidung zur Vergebung hängt allerdings nicht davon ab, ob der andere sie auch annehmen wird oder nicht!

Im Abschnitt «Gottes Vergebung schliesst Erziehung nicht aus» werden wir näher auf «das Problem des andern» eingehen.

Gottes Vergebung – eine Vergebung von vornherein

«Gott aber beweist seine Liebe gegen uns damit, dass Christus für uns gestorben ist, als wir noch Sünder waren» (Röm. 5,8).

«... denn mit einem einzigen Opfer hat er die, welche geheiligt werden, für immer vollendet» (Hebr. 10,14).

Biblische Vergebung ist eine Vergebung *von vornherein*. Jesus Christus starb nämlich bereits für unsere Sünden, «als wir noch Sünder waren», ja sogar, als wir noch gar nicht auf dieser Erde lebten – vor rund 2000 Jahren!

Weil Jesus Christus Gott und Schöpfer des Menschen ist, unterliegt er nicht – wie wir Menschen – der Dimension *Zeit* (mit den Aspekten Vergangenheit, Gegenwart und Zukunft). Daher konnte er vor 2000 Jahren bereits in unsere Zukunft blicken und mich und Sie, lieber Leser, mit unserem ganzen Leben sehen, erfassen und für alle Vergehen und alle Schuld, die wir in unserem Leben auf uns laden, sterben. Von vornherein – bereits vor 2000 Jahren – legte Jesus Christus das Fundament seiner wirksamen Vergebung und sühnte alle Schuld – völlig unabhängig davon, ob sich der einzelne Mensch in seinem Leben jemals für ihn entscheiden würde.

An dieser Stelle möchte ich etwas aus dem Büchlein «Fehlende Heilssicherheit?« zitieren:

Ich darf also jederzeit dem Herrn meine Schuld bekennen, und er *kann* sie vergeben, weil er ja bereits dafür gestorben ist, weil er bereits dafür bezahlt hat. Nur aufgrund dieser Tatsache können wir auch begreifen, warum das Werk Jesu *vollkommen* ist – für die

Dauer unseres ganzen Lebens mit aller Schuld hat er bezahlt!

«Mit einem einzigen Opfer hat er die, welche geheiligt werden, für immer vollendet», heisst es im Hebräerbrief.

Warum noch bekennen?

«Wozu dann das Bekennen der Sünde, wenn doch Jesus Christus für alles schon bezahlt und alles bereits auf sich genommen hat?»

Nun, denken wir an die Beziehung einer Mutter zu ihrem Kind. Weil die Mutter ihr Töchterlein geboren hat, ist das Mädchen ihr Kind, ist es grundsätzlich von seiner Mutter angenommen. Was passiert nun aber, wenn das Töchterlein seine Mutter anlügt? Es bleibt Kind seiner Mutter, es bleibt grundsätzlich angenommen, doch die Gemeinschaft mit der Mutter ist getrübt. Es steht «etwas» zwischen den beiden - ohne dass dadurch das Kindschaftsverhältnis angefochten wäre.

So steht auch «etwas» zwischen Gott und dem Christen, der eine Sünde begangen hat. Damit die Gemeinschaft wieder ungetrübt funktionieren kann, wird das Mädchen seiner Mutter die Lüge bekennen und um Vergebung bitten, wie auch der Christ seinem Herrn bekennen und ihn um Vergebung bitten wird - die er dann auch dankbar und in froher Gewissheit annehmen kann, weil Gott sie ihm aufgrund des vollkommenen Werkes Jesu zusagt. - Soweit das Zitat.

Auch für uns muss Vergebung eine Vergebung *von vornherein* sein. Praktisch in unserem Leben angewendet, heisst das: Ich entscheide mich dafür, meinem Ehepartner, meinen Kindern, Eltern, Glaubensgeschwistern etc. alles zu vergeben, was sie mir bewusst oder unbewusst noch antun werden.

Lieber Leser, diese Haltung einer grundsätzlichen, von vornherein ausgesprochenen Vergebung, prägt die Atmosphäre jeder zwischenmenschlichen Beziehung entscheidend! Meine Glaubensgeschwister müssen wissen, dass ich ihnen *grundsätzlich* vergeben habe - auch jene Verletzungen, die sie mir in Zukunft noch zufügen werden. Mit dieser Gewissheit meiner Vergebungsbereitschaft werden sie sich nicht mehr ängstlich davor in acht nehmen müssen, mir gegenüber ja kein falsches Wort zu sagen, das Groll und Hass bei mir auslösen könnte. Nein, das wird uns - was meine Reaktion betrifft - nicht auseinanderbringen können, weil ich mich zur *Vergebung von vornherein* entschieden habe.

Für mich selbst ist es gleicherweise befreiend zu wissen, dass mir meine Glaubensfreunde oder meine Ehefrau in dieser Haltung biblischer Vergebung begegnen und mit mir leben. Erst unter diesen Voraussetzungen weiss man sich geliebt und angenommen - trotz vieler Mängel, Fehler und persönlichem Versagen, wodurch man vielfach an andern - auch völlig unbeabsichtigt - schuldig wird.

Ich erinnere mich noch an eine Situation in unserer Ehe, in der mir die Bedeutung dieser *Vergebung von vornherein* besonders deutlich wurde: Ich hatte mich über etwas geärgert und verpasst, an der Gesinnung biblischer Vergebung festzuhalten. Ich «schnauzte» meine Frau an und - da ich unter Zeitdruck stand, weil ich zu einem Vortrag fahren musste - steigerte ich mich noch mehr in meinen Ärger hinein, schlug die Haustür hinter mir zu, setzte mich ins Auto, startete, so dass die Reifen durchdrehten und quietschten... So hinterm Steuerrad musste ich plötzlich denken: Was bist du doch für ein Idiot! Nun willst du heute abend einen biblischen Vortrag halten und «verabschiedest» dich so von deiner Frau!

Keine Telefonzelle war in der Nähe, um meine Frau noch anrufen zu können, auch die Zeit war knapp... In diesem Augenblick wurde mir bewusst, dass mir meine Frau bereits vergeben hatte, obwohl ich noch gar nicht mit ihr darüber hatte reden können.

Selbstverständlich bekannte ich Gott mein Fehlverhalten sofort und nahm seine Vergebung in Anspruch. Und als ich wieder nach Hause kam, entschuldigte ich mich natürlich auch bei meiner Frau ... und sie antwortete: «Ist schon gut, aber du weisst schon!?» «Ja, ich wusste, dass du mir bereits vergeben hattest», konnte ich bestätigen, «und gerade diese Gewissheit hat mir heute besonders geholfen.»

Wenn wir in der Gesinnung der *Vergebung* von *vornherein* leben, wird es – in unserer Ehe oder der Gemeinde – erst gar nicht möglich sein, dass sich Groll, Bitterkeit oder Hass in unserem Herzen festsetzen – auch wenn ich noch nicht weiss, wie sich der andere weiterhin verhalten wird. Ich kann und soll jederzeit Vergebung aussprechen und auf Genugtuung und Vergeltung bewusst verzichten. Dann ist *mein* Problem gelöst.

Gottes Vergebung schliesst Erziehung nicht aus

«Und habt keine Gemeinschaft mit den unfruchtbaren Werken der Finsternis, decket sie vielmehr auf» (Eph. 5,11).

«Wenn aber dein Bruder an dir gesündigt hat, so gehe hin und weise ihn zurecht unter vier Augen. Hört er auf dich, so hast du deinen Bruder gewonnen. Hört er aber nicht, so nimm noch einen oder zwei mit dir, damit jede Sache auf der Aussage von zwei oder drei Zeugen beruhe. Hört er aber diese nicht, so sage es der Gemeinde. Hört er aber auch die Gemeinde nicht, so gelte er dir wie ein Heide und Zöllner» (Matth. 18,15–17).

Wie wir bereits gesehen haben, ist es zuerst *unsere* Verantwortung und *unsere* Aufgabe, bei Verletzungen, Kränkungen und anderen Widerwärtigkeiten biblisch zu reagieren, indem wir von vornherein Vergebung aussprechen und uns bewusst dazu entscheiden, auf jegliche Genugtuung oder Vergeltung zu verzichten.

Einen weiteren wichtigen Punkt gilt es aber dabei zu beachten:

Wenn wir auf der einen Seite bewusst auf Genugtuung oder Vergeltung verzichten, dürfen wir doch niemals zulassen, dass der andere durch unsere Haltung auf seinem sündhaften Weg unterstützt wird.

Wenn Gott uns unsere Fehler und Ungerechtigkeiten täglich vergibt, dann will er uns gleichzeitig helfen, von unserer Sünde zu lassen. *Vergebung ist also niemals ein «Freibrief» zur Sünde.* Jesus sagte zur Ehebrecherin in Joh. 8, nachdem er ihr vergeben hatte: *«Gehe hin und sündige hinfort nicht mehr»* (V. 11).

Die Anfangsverse dieses Kapitels weisen jeden von uns darauf hin, dass wir vergeben sollen, darüber hinaus aber auch die Verantwortung und Pflicht haben, zurechtzubringen, zu ermahnen, den anderen Menschen zu helfen, damit sie von ihren sündhaften Wegen umkehren können.

Gemeindezucht

In Matth. 18 lesen wir von einem Bruder, der in Sünde lebt, aber nicht bereit ist, von seinem falschen Weg umzukehren. Auch einem solchen sollen wir grundsätzlich vergeben. Weil aber sündhaftes Verhalten in der Gemeinde nicht toleriert werden darf, ist Ermahnung und Erziehung nötig. Stossen alle entsprechenden Versuche bei diesem Bruder auf Widerstand und Ablehnung, so lautet die letzte erzieherische Massnahme, die eine Gemeinde ergreifen kann und soll: Ausschluss von der innigen Gemeinschaft der Gläubigen bzw. Enthebung von seiner Mitarbeiterfunktion (er ist ihnen wieder wie ein Heide oder Zöllner). Ziel dieser einschneidenden erzieherischen Massnahme ist das Auslösen des «Stachels» im Gewissen des Betroffenen, der in ihm wirkt und ihn zur Umkehr ruft.

Auch Gemeindezucht darf – biblisch gesehen – niemals ein Akt der Genugtuung oder Vergeltung sein, sondern stets erzieherische Massnahme, um die Umkehr des Sünders zu erwirken.

Sündhaftes Verhalten keinesfalls unterstützen

Ein Glaubensbruder erzählte mir einmal eine persönliche Erfahrung, die unser hier behandeltes Prinzip auf eindrückliche Weise verdeutlicht:

An einer deutschen Universität versuchten einige Christen, die Botschaft des Evangeliums den Studenten durch einen Büchertisch näherzubringen. Doch in der Mensa der Uni waren noch andere Gruppen vertreten, die ihre Ideen verbreiten wollten: Anthroposophen, Umweltschützer, Marxisten u.a.

Den besten Standort für einen Büchertisch bekam immer jene Gruppe, die morgens als erste erschien. So geschah es eines Morgens wieder, dass diese disziplinierte Christen-Gruppe ihren Büchertisch zuerst aufstellte. Kurz danach erschien aber die marxistische Gruppe. Jener Leiter wandte sich an den Leiter des christlichen Büchertisches: «Hallo, könnt ihr uns bitte euren Büchertischplatz geben?!»

Der Christ antwortete: «Nein, den können wir euch leider nicht geben.»

«Aber ihr seid doch Christen, und ich bitte euch doch höflich darum, also *müsst ihr* uns doch euren Büchertisch geben!»

Darauf der Christ: «Weisst du, du bist ein so sympathischer Mensch, dass ich dir gerne unseren Büchertisch geben würde. Doch wir sind Christen und verbreiten mit unserem Büchertisch die frohe Botschaft des Evangeliums, ihr aber verbreitet gottlose Literatur. Wenn ich nun euch unseren Büchertischplatz geben würde, dann würde ich damit die Verbreitung gottloser Literatur unterstützen. Und gerade weil ich Christ bin, kann ich das nicht tun...»

Der Christ und der Marxist hatten daraufhin noch ein freundliches und sehr gutes Gespräch zusammen.

Haben Sie dieses Prinzip, verstanden? Gerade weil wir Christen sind, sollen wir keine sündhaften Wege unterstützen, sondern helfen, davon loszukommen.

Nehmen wir unser im 1. Teil erwähntes Beispiel nochmals auf: Ein Christ erfährt also, dass sein Schwiegervater Übles und Unwahres über ihn verbreitet hat. Dieser Christ hat – wie bereits ausgeführt – zuerst seinem Schwiegervater zu vergeben. Dann ist es aber seine Pflicht, dem Schwiegervater zu helfen, von der üblen Art der Nachrede loszukommen. Anstatt zu schweigen, wird er den Schwiegervater zur Rede stellen. Hört er, *«so hast du deinen Bruder gewonnen. Hört er aber nicht, so nimm noch einen oder zwei mit dir...»* usw., wie wir in Matth. 18 gelesen haben.

Auch hier: Zuerst ist es *meine Pflicht* zu vergeben, damit *mein* Problem gelöst ist. Dann, aber erst dann, kann ich mich mit dem Problem des andern befassen.

Jesus Christus verdeutlicht uns diesen Sachverhalt an folgendem Beispiel:

«Was siehst du aber den Splitter in deines Bruders Auge und wirst nicht gewahr des Balkens in deinem Auge? Oder wie kannst du zu deinem Bruder sagen: Halt, ich will den Splitter aus deinem Auge ziehen, – und siehe, der Balken ist in deinem Auge? Du Heuchler, ziehe zuerst den Balken aus deinem Auge und dann siehe zu, wie du den Splitter aus deines Bruders Auge ziehest!» (Matth. 7,3–5).

Solange *ich* nicht vergeben habe, steckt in meinem Auge noch der Balken der Unversöhnlichkeit, Vergeltung oder Rache. Dieser Balken muss zuerst entfernt werden, erst dann soll ich mich – wenn überhaupt – mit dem Splitter in meines Bruders Auge befassen. Warum die Bemerkung «wenn überhaupt»? Weil durch mein Stillschweigen nicht in jedem Fall ein sündhafter Weg unterstützt wird. Viele Verfehlungen oder Kränkungen geschehen auch durch Missverständnisse oder ganz einfach durch Unreife. (Man kann z.B. noch ein ungenügendes Empfindungsvermögen als Christ haben, so dass man andere unabsichtlich verletzt.) Bei all diesen «Kleinigkeiten» aber zu meinen, man müsse sie immer erwähnen, man müsse stets ermahnen und korrigieren, ist sicherlich nicht richtig. Es genügt vielfach, im stillen Vergebung auszusprechen, um eine bereinigte Atmosphäre zu schaffen. Ein andermal wird mir deutlich, dass ich den andern ansprechen muss, um ihm helfen zu können. Auf jeden Fall muss der «Splitter aus dem Auge des andern» immer so entfernt werden, dass es ein Akt der *Hilfe* für ihn ist - *aus Liebe motiviert.* Weil ich das Beste für den andern will, möchte ich dies oder jenes ansprechen und ihm helfen, davon loszukommen. Oder ihm durch meine Ermahnung klarmachen, dass er sich auf einem falschen Weg befindet.

Habe ich aber nicht *zuerst* vergeben, ist mein Reden keine biblische Ermahnung, sondern ein Abladen meiner Aggressionen oder geprägt vom Verlangen nach Genugtuung und Vergeltung. Auf diese Weise werde ich dem andern nie helfen können. Jemanden auf seine Sünde oder Kränkung aufmerksam zu machen, ohne ihm zuerst (im stillen) Vergebung ausgesprochen zu haben, heisst, nicht mehr das Beste für den andern zu suchen (= ihn lieben). Solches Verhalten entspringt einem selbstsüchtigen Herzen.

Vergebung in der Ehe

«Bitte, vergib mir...» ist etwas anderes als *«bitte, entschuldige...»* oder *«es tut mir leid»*.

Die Bitte nach Vergebung geht von der Tatsache aus, dass man schuldig geworden ist, dass man gesündigt hat und Vergebung benötigt.

Die Bitte um Entschuldigung geht von einem Versagen aus, für das ich nicht die ganze Verantwortung übernehme, das vielleicht auch unbeabsichtigt war und für das ich um Verständnis bitte.

«Es tut mir leid» erklärt dem andern die eigenen Empfindungen, was aber auch bedeuten kann: *«Es tut mir leid, dass du dich so gekränkt fühlst – obwohl ich es gut gemeint habe.»* Ein Zerwürfnis kann einem leid tun, ohne dass man dabei die eigene Schuld als Ursache erkennt und dazu steht.

«Bitte, verzeih mir» oder *«Bitte, vergib mir»,* ist ein äusserst wichtiges und fruchtbringendes Wort, gerade auch in der Ehe! Allzuoft meinen wir, über unser Fehlverhalten «wachse Gras», es gehe irgendwann vergessen. Doch das Unbehagen und die unbereinigte Schuld werden bleiben! Überlegen Sie sich doch einmal, wann Sie das letztemal gesagt haben: «Bitte, Liebling, vergib mir.» Kommt diese Bitte selten über Ihre Lippen? Dann hängt das mit Sicherheit nicht damit zusammen, dass Sie ein vollkommener Mensch sind, sondern damit, dass Sie «Tomaten auf Ihren Augen» haben, blind sind und nicht im Licht wandeln. *«Wenn wir sagen, wir haben keine Sünde, so verführen wir uns selbst, und die Wahrheit ist nicht in uns»* (1. Joh. 1,8).

Sie dürfen die kleinen Stacheln (die meist grösser sind, als wir vermuten) Ihres Fehlverhaltens nicht übersehen! – Da ärgert sich die Frau, weil sich der Mann wieder einmal verspätet hat, und er reagiert mit einer bissigen Bemerkung (statt einer linden Antwort) auf ihre Vorwürfe. – Sie lacht ihn wegen irgendeiner Sache aus, was ihn tief verletzt und ihn dazu verleitet, ihr ein Kompliment (oder einen Blumenstrauss) vorzuenthalten. – Gibt es nicht sehr viele Kleinigkeiten im Ehealltag, bei denen wir schuldig werden, in denen wir nicht nach dem Massstab Gottes handeln?

Sehen Sie, deshalb ist es so wichtig, dass wir einander um Vergebung bitten. Der Mensch zeichnet sich in gewisser Weise auch dadurch aus, dass er schuldig werden kann; es ist eine Folge der Freiheit – ein Tier kann nicht schuldig werden, weil ihm der freie Wille fehlt.

Was gilt es beim Vergeben zu beachten?

Vergebung bedeutet: *nicht mehr antasten.* Vergeben heisst, nicht mehr darüber reden, ausradieren, ablegen. Daher bedeutet Vergebung Verschwiegenheit, nicht nur anderen Personen gegenüber (Es ist dabei interessant, dass das Reden über das Schuldigwerden eines andern meist einen ganz banalen Racheakt darstellt!), sondern auch dem Schuldiggewordenen gegenüber. Praktisch heisst das, dass ich das Fehlverhalten meines Partners in keiner Situation mehr erwähne. Wer seinem Partner bei irgendeiner Gelegenheit Schuld vorhält oder auch nur heimlich den Blick darauf lenkt, lebt in einer Haltung der Unversöhnlichkeit, und diese Gesinnung bezeichnet Gott als folgenschwere Sünde.

Wenn Sie vergeben, sollen Sie auch wissen, *was* Sie vergeben. Es ist furchtbar schmerzlich, wenn ein Partner plötzlich erfährt, dass das «Ja, ich vergebe dir» zu einer blossen Redewendung verkümmert ist, die gar kein konkretes Fehlverhalten im Auge hatte. Es bedarf hier grosser Aufrichtigkeit. Wenn der eine Partner nach einem ehelichen, klärenden Gespräch Erleichterung darüber empfindet, dass der andere mehr Schuld bei sich sieht, dann hat dies mit echter Einsicht und biblischer Vergebung nichts zu tun.

Vergebung und Versöhnung darf man auch keineswegs als Leistung, als Verdienst ansehen. Es ist kein Werk, worauf man stolz sein könnte, denn nur aufgrund der Vergebung, die ich persönlich von Gott erfahren habe, kann ich ja Vergebung an meinen Partner austeilen. Und nur aus diesem Grund kann ich auch

meinen Partner um Vergebung bitten. Es gibt hier nämlich auch die Haltung einer falschen Demut, ein unaufrichtiges «Bitte, vergib mir», das nur darauf abzielt, eine Märtyrerrolle aufzubauen, auf die man letztlich noch stolz ist!

Bedenken Sie auch, dass bei aller Versöhnung und Vergebung stets ein Rest *unerkannter Schuld* übrigbleibt. Nur Gott kann bis in die Tiefen unseres Herzens sehen. Vieles erkennen wir gar nicht als Schuld, was in Gottes Augen aber Schuld und Sünde ist. Wenn wir das bereinigen, worüber uns Gott Licht und Einsicht schenkt, dann dürfen wir ihm auch alles noch Unerkannte hinlegen. Und Gott gibt uns diesen Freiraum, um in der *Sündenerkenntnis* zu wachsen. Vergeben Sie auch die Dinge, die Ihr Partner noch nicht als Schuld erkannt hat. Leben Sie im Bewusstsein, dass auch Sie in vielen Situationen an Ihrem Partner schuldig werden, ohne dies klar zu erkennen. Das Ziel eines jeden Ehepartners sollte daher die umfassende, biblisch vollkommene Vergebung sein.

Vergebung und Kindererziehung

Gerade bei der Kindererziehung kann uns das Prinzip und die Wichtigkeit biblischer Vergebung besonders deutlich werden.

Nehmen wir einmal an, Ihr kleiner Sohn habe eine Vorliebe dafür, bei Ihren Zimmerpflanzen «Friseur» zu spielen. Inzwischen weiss er, dass dies nicht recht ist und dass er, wenn er sich eine Schere holt, um die Pflanzen «zu schneiden», auf die Finger bekommt. Doch tatsächlich erwischen Sie ihn eines Tages wieder dabei, wie er sich die Schere holt...

Das ärgert Sie natürlich sehr. Doch falsch wäre es, wenn Sie nun aus «Vergeltung», aus Ärger Ihrem Sohn gegenüber, ihm auf die Finger geben würden. Ihr Söhnlein würde diesen Schmerz richtigerweise auch als «Racheakt» Ihrerseits werten. Falsch wäre es ebenso, wenn Sie Ihre Androhung nicht wahrmachen und beide Augen zudrücken würden.

Richtig wäre es, innerlich Ihrem Sohn zuerst Vergebung auszusprechen und ihn dann zu züchtigen, indem Sie ihm auch erklären, dass dies nun sein müsse, damit er sich die Anordnungen besser merken könne. In diesem Fall sind Sie auch in der Lage, nach erfolgter Züchtigung Ihr Kind in die Arme zu nehmen, so dass es merkt, dass Sie es wirklich lieb haben und dass alle Erziehungsmassnahmen ihm zum Besten dienen sollen.

Irgendwelche Züchtigung aus einer Situation der Wut, der Enttäuschung oder des Ärgers heraus ist vom Ansatz her stets falsch und sündhaft – da darf man dann auch nicht die Bibelstellen als Rechtfertigung heranziehen, in denen Züchtigung als notwendig empfohlen wird. Solch schwere Eingriffe in der Kindererziehung dürfen niemals im «luftleeren Raum» stehen, sondern müssen immer eingebettet sein in der Gesinnung, das Beste für den andern zu wollen – wie oft aber liegt die Gefahr nahe, dass Züchtigung als Akt der Genugtuung oder Vergeltung für einen Ungehorsam erfolgt.

Vergebung und Versöhnung

Nun sollte bereits deutlich geworden sein, dass Vergebung und Versöhnung zweierlei Aspekte sind. Vergebung kann ich meinerseits *in jeder Lage* aussprechen – wozu ich auch verpflichtet bin. Die vergebungsbereite Haltung kann ich völlig unabhängig von der Reaktion meines Gegenübers einnehmen. Versöhnung ist allerdings erst dann möglich, wenn der andere die Vergebung auch annimmt.

Gott bietet uns Vergebung an; Jesus hat alles vollbracht, für alles bezahlt – doch diese Vergebung wirkt nicht «automatisch» in jedem Menschenleben. Es muss zur *Versöhnung mit Gott* kommen. Und Versöhnung geschieht erst dann, wenn ich die angebotene Vergebung Gottes persönlich in Anspruch nehme.

Es kann vorkommen, dass ich innerlich Vergebung ausspreche, und mein Gegenüber verharrt in seiner Sünde, womit er an mir schuldig wird. Nun kann ich also auf Rache, Vergeltung und Genugtuung verzichten, doch ich darf nicht so tun, als sei auch Versöhnung vorhanden. Versöhnung kommt erst, wenn auch der andere seine Schuld bekennt und umkehrt. Nicht vorhandene Versöhnung darf aber nicht heissen, dass ich deshalb keine Vergebung ausübe. Vergebung *muss* ausgeteilt werden – das ist meine Verantwortung. Versöhnung geschieht dann, wenn ein schuldig Gewordener diese Vergebung annimmt – aber das ist dessen Verantwortung, nicht die meinige.

So ist es auch interessant, dass im Neuen Testament dort, wo wir aufgefordert werden, zu vergeben (unab-

hängig von der Reaktion des Gegenübers), das griechische Wort «charizomai» gebraucht wird (z.B. in Eph. 4,32 oder Kol. 3,13). Dort, wo dieses gewaltige Geschehen auf Golgatha in Kol. 2,13 + 14 beschrieben wird, wo Jesus die «gegen uns bestehende Schuldschrift auslöschte und sie ans Kreuz heftete» (unabhängig davon, wie wir darauf reagieren), wird ebenfalls das Wort «charizomai» verwendet für «... ihre Übertretungen vergeben...»

Ganz anders bei solchen Passagen, in denen es um Menschen geht, die diese Vergebung Gottes persönlich in Anspruch genommen haben. In Röm. 5,11 redet Paulus infolgedessen von Versöhnten und gebraucht den Begriff «katallagä». Das ist auch das Ziel missionarischer Arbeit - die Menschen aufzufordern, die Vergebung Gottes persönlich in Anspruch zu nehmen, sich also mit Gott versöhnen zu lassen. So wird in 2. Kor. 5,18, wo dieser Auftrag formuliert wird, ebenfalls das Wort «katallagä» und nicht «charizomai» verwendet.

In der Praxis heisst das: Vergebung austeilen ist immer möglich (charizomai; Befehl in Eph. 4,32); wo es aber beispielsweise um die Wiederaufnahme einer zerbrochenen Ehegemeinschaft geht, genügt eine einseitige Vergebung nicht, sondern da muss Versöhnung sein - beidseitig wird Vergebung in Anspruch genommen. Daher wird in 1. Kor. 7,11 nicht Vergebung (charizomai) als Voraussetzung für die Wiederaufnahme einer zerbrochenen Ehegemeinschaft genannt, sondern Versöhnung (katallagä).

Beide Aspekte muss man auch in der Praxis gesondert sehen, damit wir nicht verführt werden, Vergebung zurückzuhalten, wo wir sie gewähren müssten, oder dort nicht auf Versöhnung zu pochen, wo dies notwendig wäre.

«Ich kann mir selbst nicht vergeben...»

Wer diese Aussage zu seiner eigenen macht, wird selbstverständlich auch andern gegenüber nicht in der Haltung biblischer Vergebung leben können.

Wer behauptet, er könne sich selbst nicht vergeben, der erklärt damit jedoch, dass man sich gerne vergeben möchte, das eigene Versagen, die persönliche Schuld allerdings so aussergewöhnlich gross sei, dass

a) sie eigentlich gar nicht zu einem passe; oder
b) zuerst eine Garantie abgegeben werden sollte, etwas nie wieder zu tun; oder
c) das vollkommene Opfer Jesu dafür nicht gültig sei.

Beim letzten Punkt muss sich der Betreffende lediglich mit der Frage auseinandersetzen, ob er darauf vertraut, dass Gott nicht lügt. Die Bibel zeigt uns auf, dass es keine Sünde gibt, für die Jesus Christus nicht gestorben wäre. Es ist ALLES bezahlt, ALLES gesühnt; deshalb kann Gott jenem Menschen, der seine Sünde Ihm bekennt, auch ALLES vergeben und «ihn reinigen von ALLER Ungerechtigkeit» (1. Joh. 1,9). Auf diese Zusage Gottes kann und soll ich mich verlassen.

Bei den ersten beiden Begründungen liegt jedoch ein anderes Problem vor: die falsche Selbsteinschätzung des Betreffenden. Er hat die Tiefen der Verdorbenheit seines eigenen Herzens noch nicht erkannt – deshalb will er sein Versagen als etwas ihm «Wesensfremdes» hinstellen; deshalb will er nicht wie ein blosser Sünder, ein kraftloser Bettler zum Herrn kommen, Ihm die

Schuld bekennen, zum eigenen Versagen stehen und Gottes Vergebung in Anspruch nehmen. Der Sünder möchte zuerst etwas dafür bieten: ein Versprechen zur Besserung, eine Garantie, sich künftig richtig zu verhalten. Wer jedoch erkannt hat, dass in ihm, «das ist in meinem Fleische, nichts Gutes wohnt» (Röm. 7,18), der weiss, dass er zu jeder Schandtat fähig ist, wenn er sich aus der Abhängigkeit von Gott herauslöst. Gott kennt uns bis in die Tiefen unseres Herzens. Er wird auch von einer ekligen Sünde in unserem Leben nicht überrascht. Daher können und sollen wir zuerst zur eigenen Unfähigkeit, Sündhaftigkeit und Verdorbenheit stehen; diese vor Gott und vor sich selbst zugeben; dann können wir um so dankbarer und freudiger diese unverdiente Liebe der Gnade und Vergebung Gottes für uns in Anspruch nehmen.

Wer «religiösen Stolz» besitzt, wer meint, er könne aus sich selbst heraus einen gerechten, Gott wohlgefälligen Wandel führen, der wird natürlich bei persönlichem Versagen dies entweder verdrängen müssen oder daran verzweifeln. Solch ein Mensch lehnt «instinktiv» unverdiente Geschenke (die Gnade der Vergebung Gottes) ab. Deshalb ist hier zuerst ein Umsinnen, ein *Umdenken* angezeigt, damit man leere Hände der Unfähigkeit und des Versagens dem gütigen und liebenden Gott entgegenstrecken kann.

«Da wir nun einen grossen Hohenpriester haben, der die Himmel durchschritten hat, Jesus, den Sohn Gottes, so lasset uns festhalten an dem Bekenntnis! Denn wir haben nicht einen Hohenpriester, der kein Mitleid haben könnte mit unsren Schwachheiten, sondern der in allem gleich wie wir versucht worden ist, doch ohne Sünde.» Hebr. 4,14–16

Nachwort

Wo Menschen aneinander schuldig werden, zerbricht etwas in ihrem Innersten. Das Vertrauen wird zertreten, die Gemeinschaft zerstört. An nichts krankt unsere Gesellschaft mehr als an zerbrochenen Beziehungen und an Unversöhnlichkeit.

Uneingestandene Schuld, nie bereinigte Lebensverhältnisse, können Menschen schwer belasten. Das ist bekannt. Psychische, ja physische Krankheiten können die Folgen davon sein. Aber wenn man das alles weiss, warum werden wir trotzdem nicht fertig mit der Schuldfrage? Warum klappt die Sache mit der Vergebung nicht? Warum diese Unversöhnlichkeit, die bittere Härte in den Beziehungen unter den Menschen in aller Welt? Dieses Buch versuchte die Antwort deutlich zu machen: Vergebung ist mehr als ein trautes Gespräch unter vier Augen. Schuld gegen Menschen richtet sich auch gegen den Schöpfer des Menschen, *gegen Gott.* Hier liegt der Angelpunkt. Vergebung ist mehr als billiges Vergessen oder feiges Auf-sich beruhen-Lassen. Gefragt ist heilende Vergebung, so wie Gott sie meint. Gesunde Beziehungen zu Menschen setzen eine intakte Beziehung zu Gott voraus.

Wirkliches Vergeben stellt Beziehungen wieder her und beginnt nicht zwischen meinem Nachbarn und mir, sondern zwischen Gott und mir. Ohne dass das Problem zwischen Gott und mir, nämlich meine Ablehnung Gottes, meine selbstverschuldete Gottesferne, nicht geklärt ist, fehlt mir das Werkzeug, meinem Nächsten wirklich vergeben zu können. Ohne dass ich mich auf Gottes Vergebung berufe, ohne den Glauben an seinen Sohn, der für meine Schuld stellvertretend gestorben ist, um wieder eine persönliche Beziehung zum Höchsten möglich zu machen, ohne Vertrauen in sein Wort, fehlt die Kraft, dem Nächsten zu vergeben.

Doch wer Gottes Vergebung annimmt und dadurch die Gemeinschaft mit ihm wiederherstellt, dem erschliesst sich ein neues Lebensprinzip. Von Gott erfahrene Vergebung ist losgelöst von Gefühlen. Sie wird zu einer Sache des Vertrauens und des Gehorsams. Das ist das Revolutionäre am Weg der Vergebung, wie ihn die Bibel lehrt. Gott *wollte* den Menschen vergeben. Es war sein Wille, ihnen zu vergeben, als sie seine Feinde waren (Römer 5,8–11) - im voraus, ohne Bedingungen, aus lauter Liebe. Göttliche Vergebung schafft für Christen Raum, nach dem selben Prinzip seinem Nächsten zu vergeben; im voraus, bedingungslos, aus Liebe zu Gott und den Menschen.

Verhöhnt, bespuckt, geschlagen hing Jesus Christus am Kreuz. Mit letzter Kraft rief er: «Vater, vergib ihnen, denn sie wissen nicht, was sie tun.» Ein Gemarterter betet für seine Folterknechte! Der Gekreuzigte ist das Vorbild jeglichen Aktes der Vergebung. Wahre Liebe, wahre Vergebung, finden Menschen letztlich nur bei ihm. Der Glaube an Jesus Christus macht heilende Vergebung zu einem Lebensprinzip. «Alle Bitterkeit und Grimm und Zorn und Geschrei und Lästerung sei ferne von euch samt aller Bosheit. Seid aber gegeneinander freundlich, barmherzig, vergebet einander, gleichwie auch Gott in Christus euch vergeben hat» (Epheser 4,31+32).

Rolf Höneisen

In der «Ratgeber-Reihe» sind ausserdem erschienen:

Bestell-Nr. 405

Jay Adams
Der innere Krieg
Tb, 152 Seiten, Fr. 12.–, DM 14.–

Bestell-Nr. 72 532

Walter Nitsche
Fehlende Heilssicherheit?
Probleme mit Geborgenheit und Heilsgewissheit?
Tb, 88 Seiten, Fr. 6.–, DM 7.–

Bestell-Nr. 72 534

Jay Adams
Wachsen oder stolpern?
– Geistliches Wachstum durch Probleme
Tb, 168 Seiten, Fr. 8.–, DM 9.–,

Bestell-Nr. 72 535

Walter Nitsche
Versagen und innere Zerrissenheit
Eine seelsorgliche Studie für Christen
Tb, 96 Seiten, Fr. 6.–, DM 7.–